Karin E. Leiter

Der Trotzdem-Baum

Karin E. Leiter

Der Trotzdem-Baum

Wurzeln am Felsen Gottes

Tyrolia-Verlag Innsbruck-Wien

Meinem Großvater Karl Klingenschmid

Mitglied der Verlagsgruppe »engagement«

CIP-Titelaufnahme der Deutschen Bibliothek

Leiter, Karin E.:
Der Trotzdem-Baum : Wurzeln am Felsen Gottes / Karin E. Leiter. - Innsbruck;
Wien: Tyrolia-Verl., 1989
ISBN 3-7022-1718-5

1989

Gesamtherstellung in der Verlagsanstalt Tyrolia
Gesellschaft m.b.H., Innsbruck

Vorwort

Was ist zu sagen, wenn nichts mehr zu sagen ist?
Karin Leiter schaut bewußt dem Letzten, das für sie nur ein Vorletztes ist, ins Auge. Ein Mensch, der sich unaufhaltsam mit dem auseinandersetzt, wovor die meisten Menschen zurückschrecken. Wir haben es verlernt, das Problem des Todes zuzulassen. Von dieser jungen Frau können wir lernen, uns hoffnungsvoll mit dem Sterben vertraut zu machen, an das Wunder der Heilung zu glauben und dennoch zu beten »Dein Wille geschehe!«
Karin sieht ihren Kampf und die Auseinandersetzung mit Leid und Tod als einen Akt der Solidarität mit uns Mitmenschen, die wir alle auf das Letzte zugehen, die Gedanken daran aber oft verdrängen. Sie versucht eine »Ars moriendi« – die Fähigkeit, sich auf das Letzte zu besinnen – vorzuleben.
In diesem Buch spricht ein Mensch – nicht ein Übermensch. Karin Leiter betet, leidet und glaubt an das verborgene Leben, das sich in ihr ankündet. Nach der Vision des hl. Paulus sind wir alle auf diese Hoffnung hin, auf Geburtswehen hin geschaffen: »Wir wissen, daß die gesamte Schöpfung bis zum heutigen Tag seufzt und in Geburtswehen liegt.« (Röm 8,22)
Manche Menschen werden berufen, Zeugen zu sein, daß die Kraft Gottes in der menschlichen Ohnmacht sich deutlich zeigt. Karin hat die Herausforderung angenommen. Sie vergleicht sich mit jenen Bäumen in den Felsennischen, die nur wenig Erde haben und trotzdem wachsen und hundert Jahre und älter werden. Da ist ein Mensch, der von Kindheit an mit sich ringen mußte. Ihr Glaube ist, wie sie sagt, ein »sturmbewährter« Glaube; ein Trotzdem-Hoffen und -Glauben. Das ist der Wurzelgrund, aus dem ihre Gedanken, Gedichte und Weisungen wachsen.
Wir brauchen in unserer Zeit Zeugen, die sich trotz aller Leiden mit ihrer ganzen Existenz für den Glauben an den

Sinn des Lebens einsetzen. Wie notwendig sind Menschen, die sich nicht von der Resignation verschlingen lassen! Als Grenzgängerin zwischen zwei Welten begann Karin Leiter zu schreiben und hat damit vielen Menschen die Weichenstellung für ein neues Leben ermöglicht. Es ist ein Unterschied, ob wir als gesunde Menschen in gemütlicher Runde über den Sinn des Lebens diskutieren oder ob ein Mensch mit vielen Metastasen im Körper vom Krankenbett aus über den Sinn des Leidens spricht oder schreibt. Karin Leiter ist ein Geschenk für uns! Ein junger, aktiver Mensch wird krank, todkrank, und beginnt, sich radikal mit sich und den anderen auseinanderzusetzen. Hätte Karin Leiter ohne ihre Krankheit ihre innere Welt geoffenbart?
Alle Botschaften der Menschen sind gespeichert. Wir dürfen aus diesem Schatz der Erfahrungen entnehmen, was wir in der Stunde der Herausforderung brauchen. Was Karin geschrieben hat, hat sie vorher erfahren, gefühlt, erlitten, gefeiert. Texte, Gedichte, Gedanken, Anstöße, Berührungen, Konflikte, Versöhnung, Spannungen, Harmonie... ein weites Feld ist ihre Seele! Sie ist auf ihre Weise zum Wort, zum Gedicht geworden. Ihre Worte berühren uns fragende, geängstigte, glaubende Menschen. Wie viele können schon von sich sagen, sie hätten noch keine Angst vor dem Tod empfunden! Karin Leiter zeigt einen Weg der direkten Konfrontation mit dem Tod. Sie vertraut dem Auferstandenen und glaubt an die Vereinigung mit Jesus Christus in der großen Familie bei Gott. Sie ist sich gewiß, daß sie selber zwar einen Körper hat, den der Krebs zerstören kann, daß sie selbst aber mehr ist. Sie hat einen Körper, aber sie ist nicht der Körper! In diesem Bewußtsein, im Bewußtsein der inneren Würde, in der Gewißheit, daß sie Seele ist, Leben ist, ja Kind, Tochter Gottes ist, konnte sie so deutlich, so hoffnungsvoll, so lebendig mit dem Letzten ringen. Ihr Ringen kann nicht ungeschehen gemacht werden. Es bleibt vor allem im Gedächtnis jener, die bereit sind, sich wie sie zu öffnen, den

verborgenen Gott im Leben der sichtbaren Menschen zu erkennen. Das Letzte ist nicht der Tod, sondern die Liebe! Eine Liebe, die einen neuen Himmel, eine neue Erde, einen neuen Leib, den inneren Menschen gebären wird.

Die Worte von Karin Leiter begleiten uns auf den Wegen und den Umwegen unseres Lebens. Mit ihrem unzerstörbaren Vertrauen ist sie einigen todkranken Mitpatienten im Sterben beigestanden. Sie kann auch uns Hilfe sein auf dem Weg der Reifung. So wird sie zum Weizenkorn, das fruchtbar geworden ist.
Die Quelle ihrer Kraft ist Jesus Christus, der sich selbst mit dem Weinstock vergleicht. Als lebendige Rebe ist sie mit dem Weinstock verbunden. Sie bezeugt, was Paulus verkündet hat: »Ich bin gewiß: Weder Tod noch Leben, weder Engel noch Mächte, weder Gegenwärtiges noch Zukünftiges, weder Gewalt in der Höhe oder Tiefe, noch irgendeine andere Kreatur können uns trennen von der Liebe Gottes, die in Jesus Christus ist, unserem Herrn.« (Röm 8,38ff)

Martin Gutl

Begegnung in Mariatrost

Jetzt
weiß ich,
warum Dein
Hiob
tanzt
und
die Klagemauer
das Loblied
hört.

Sein
Kreuz
hält mich
fest und
tanzt
mit mir
in die
Freude
Seiner Erlösung.

Credo

Ich weiß,
daß Gott mich ins Herz geschlossen hat.
Ich spüre,
daß Christus mir hilft,
das Kreuz zu tragen.
Ich fühle
unendliche Lebendigkeit in mir.
Ich glaube
an Dich
und an Dich
und an Dich.
Wir sind eine Familie.
Schwester und Bruder,
alle gleich
in der einen Liebe.
WIR sind Kirche,
weil wir wissen,
daß Gott uns
ins Herz geschlossen hat.

Wo die Trotzdem-Bäume wachsen

Der Einsiedlerkrebs

Da hat einer einen Nierenstein, der andere ein Magengeschwür, eine Grippe, eine Lungenentzündung. Und es ist auch ein Nierenstein, ein Magengeschwür, eine Grippe, eine Lungenentzündung.
Nur bei dem einen, unaussprechlichen, vielfältigen Krankheitsbild gibt es hundert Namen, ohne es beim Namen zu nennen. Da ist ein Gewächs, ein Tumor, eventuell bösartig, man müsse erst schauen... ein POSITIVER Befund – welche Ironie! Die Suche nach den eben malignen Zellen war positiv, man war also fündig geworden. Oder das Karzinom – klingt auch nicht so elektrisierend wie dieses eine Wort KREBS.
Krebs als Tier, nicht gerade als Haustier, am ehesten noch in Dillsoße die Schwänze... Krebs als Sternzeichen – zugegeben, ein bißchen schwierig, aber wer ist das nicht...
Aber nein, da ist einer im eigenen Körper von diesen Viechern, und mit einem Schlag ist man sich selbst unheimlich, spürt das Stigma. Und wenn dann der Schädel kahl ist von der Chemotherapie, dunkle Ringe um die Augen bleiben, der ganze Mensch einfach krank aussieht, bricht das Stigma auf.
Blicke, neugierig, mitleidig, verhalten, offen messend – der Spießrutenlauf beginnt. Jeder Befund wird zur Tageszeitung, einzig wichtige Nachricht. Keine Antwort auf tausend Fragen, hundert Warums. Mauern in sich und um sich, weil das Wort so schwer... Ich habe Krebs – das muß erst auf der Zunge zergehen, man muß hineinbeißen, um es hinunterwürgen und schließlich wieder auskotzen zu können.
Menschen, die den Totengeruch schon in der Nase haben, fliehen sehr bald, auch die Angsthasen, die vor allem vor sich selber auf der Flucht sind. Nur nicht nachdenken, es könnte morgen schon mich... Eine Zeitlang verstehen sich mein Körper und ich nicht mehr, wir sind böse auf-

einander, ich kann nicht davonrennen, nicht aus der Haut fahren, nicht über meinen Schatten springen. Also Angriff, also Kampf und vor allem Lebendigkeit. Nicht nur physiologisch leben, sondern LEBEN, mit jedem Atemzug bewußt neue Dinge entdecken, auf Abenteuer gehen, in einen einzigen Tag hinein. Das Heute zählt!
Ich will nicht schweigen, will nicht ersticken am Wort und ich spreche es aus, rede über den Krebs, über meinen Krebs – das Unvorstellbare passiert: ich muß alle trösten, daß ich krank bin! Ich bin ein Einsiedlerkrebs. Die Sorge, wenn dir was... na ja, im Spital wüßten wir dich versorgt... Jetzt lerne ich erst, was Kampf heißt. Ich kämpfe mehr um meine Selbständigkeit, um meine Eigenverantwortung als gegen den Krebs. Diese tägliche Herausforderung ist es, die mich aufrecht hält, mich aus dem Bett jagt, weil ich mir etwas zu essen machen muß, mich waschen will, der Sieg über drei Stockwerke ohne Lift wird immer größer. Der Tiroler Freiheitskampf hält mich aufrecht und macht mir Spaß, ja Spaß, weil ich mich diebisch freue, wenn ich meinem verflixt flauen Körpergefühl ein Schnippchen schlagen kann.
Der Einsiedlerkrebs geht aus seiner Klause hinaus und holt sich ein Stück Welt zurück. Wenn man dich so sieht, man möchte nicht meinen, daß du... Ich bin gesund in meiner Seele, das strahlt über den Krebs hinaus, der Störenfried soll mich nur erst kennenlernen – und ihr mich auch. Meine Fröhlichkeit ist ansteckend, ich bin eine Naturkatastrophe, sagt einer, eine Lawine, die mitreißt in einen haltbaren Optimismus. Es gibt für mich keine tausend Fragen mehr, weil Gott mich festhält und mir nichts passieren kann. Mehr als in IHN hineinsterben kann ich nicht, wenn es zu diesem Leben nicht mehr reichen sollte. Nur hin und wieder tut es gut, wenn den Schmerzen nicht Tapeten zum Opfer fallen, die mit den Fingernägeln bearbeitet werden, wenn der Aufschrei nicht ins Leere geht. Sich hin und wieder festhalten an einer Hand, den Schrei in eine Brust vergraben dürfen...

Da bricht tiefe Verletzlichkeit auf und ein Aufbäumen, weil hier auch gleich der Krankenhaustext eingebracht wird, weil hier nur noch eines steht: Belastung sein. Zwischen Monaten Einsiedlerkrebs einige Tage diese Sehnsucht stillen – jedesmal nicht rechnen mit der eh schon bekannten Reaktion. Ich zerstöre dann ja immer die Illusion, die meine Fröhlichkeit vermittelt, und mit einem Schlag wird es offenbar: du bist krank!
Vor allem bin ich unbequem, weil ich herausfordere. Ich breche Tabus in meiner Offenheit und stelle die Christlichkeit in Frage – was wohl das Schlimmere ist?
Vielleicht lebe ich noch lange genug, um darauf eine Antwort zu finden. Neugierig wär' ich schon...

Leiden-schaft

An Krebs leiden, an mir selbst leiden und am Du. Jetzt vor allem am Du!
Verletzt, unverstanden, unausgesprochen. Meine Nußschale einfach mit einem Krach zerknackt. Kein sanftes Klopfen, nein, ein wuchtiger Hieb mitten hinein! Keine Frage darauf, hast Pech gehabt, wenn es weh tut.
Die Mehrheit hat immer recht. Und ich bin minder geworden, schon ein bißchen angefault, lästig alt in jungen Jahren und die Gedanken – vor allem die Gefühle sind in Position ver-rückt.
Hoffnung gegen Prognosen.
Glauben gegen die Zerstörung.
Allein gegen die Schmerzen.
Schwimmen gegen den Strom.
Kampf gegen den Wahnsinn.
Tränen gegen den Schrei.
Zorn gegen die Heuchelei.
Abscheu gegen die Hilflosigkeit. – –

Und Schweigen gegen das Unrecht. Ich bin Dein Gegner geworden. Schweigen gegen das Unrecht. Weil Worte ununterbrochen unterbrochen werden, weil in den angesprochenen Augen Zweifel zu lesen sind. Sprache reicht nicht mehr. Sie hat nichts mehr zu sagen. Die Nuß ist nackt zwischen den Schalentrümmern. Und niemand will sie bedecken. Keine Scham-, nicht einmal Morgenröte nach dem letzten Abend einer nebeldunklen Kaltnacht.
Im Namen Gottes in die Hölle geschickt. Jetzt liegt das eine Stundenbuch offen in der Kirchenbank und das andere – das meine – unterm Herrgottswinkel, zugeschlagen. Ich rede mit Ihm, Seine Augen zeigen keinen Zweifel, keine Flucht... Ich rede mit Ihm Nächte hindurch ohne fremde, vertraute, geschriebene Worte. Lesen kann ich jetzt nicht im Antiphonale. Da höre ich das gewohnte Singen und fahre wieder zur Hölle.
Mit Ihm rede ich maskenlos, weil Er die Larve nie fordert. Der Ohnmacht möchte ich ein Lächeln entlocken!
Das ist meine Leidenschaft. Immer noch und trotzdem und gerade deshalb.

Wo die Trotzdem-Bäume wachsen

Sternzeichen Schütze, Diagnose Krebs.
Schnell noch einen Hechtsprung hinaus aus dem Sumpf, bevor der Boden ganz unter den Füßen verloren ist! Auf schwarzen Fels geworfen, liege ich – regungslos, atemlos im tränenfeuchten Dreck. Langsam verschluckt sich die Zeit im Morast, hustet auf und geht schließlich unter. Ich suche ihre Reste mit der Lupe und sammle sie sorgfältig auf weißem Papier. Tag und Nacht schwimmen um ihr Leben. Aal entgleitet meiner zittrigen Hand. Ich kann nichts mehr fassen. Mich selbst lasse ich fallen – irgendwohin zwischen Himmel und Erde.

Gesternklammern, Heuteflucht, Morgenblind.
Mir ist kalt! Ich fühle mich, krieche in mich, suche Halt im hintersten Winkel und beginne zu be-greifen. Ein Schritt, ein Griff, ein Stück Seil plötzlich vor mir...
Wetterleuchten. Es himmelt zaghaft an der senkrechten Wand. Aber ich bin todmüde. Alles schmerzt. Der Wind heult frostig auf. Noch ein Stück, noch einen Schritt, noch einmal – nur einmal noch... was eigentlich?
Mit dem ersten Regentropfen gebe ich meine Finger frei und strecke die Arme in die Wolke. Kein zerschmetterndes Stürzen in Höllen beginnt. Das Gestern vergilbt auf unzähligen Zeilen, das Heute zeigt sich nebelklarend und das Morgen ist ungeboren. Ich bin neugierig, was es wird. Meine Wurzeln bohren sich in den Stein. Sie sind stark genug. Der Regen tropft die Kraft in sie. Die Zeit steigt aus dem Sumpfgewirr und teilt das Wasser für die Sonne.
Triebe drängen aus meiner Brust und meinem Kopf. Aus zarten Zweigen werden Äste. Als das Morgen geboren wird, öffnen sich die ersten Knospen. Jetzt werden die Arme stark. Ins Kreuz genommen, grünen sie weit aus – den Felsen zu berühren, den Himmel zu ergreifen, den Wind zu umarmen.
Zerzaust und geschüttelt, manche Wunde in der nußfarbenen Rinde nach einem Jahr. Samenkörner sind im Fallen gestorben. Nach der ersten Schneeschmelze wachsen sie aus dem Felsen – neue, kleine Trotzdem-Bäume...
Sternzeichen Weihnacht, Diagnose Ostern!

Liebeslied

Ich habe
mich verliebt
in die zarten Triebe
auf meiner Fensterbank,
in den leisen Regen
vor dem Haus,
in den fernen Klang
der Kirchenglocken,
in das Kinderlachen
im Hof.

Ich habe
mich verliebt
in die Stille
und den Frieden
der Nacht.

Ich habe
mich verliebt
in den einen
tiefen Atemzug,
wenn die Schmerzen
nachlassen.

Ich bin glücklich,
weil ich meine
Liebe
verschenken darf
in meiner
kleinen Welt.

Der Nebel

Dichte Nebel
umhüllen
die Berggipfel.
Wenn sie sich
lichten,
liegt Schnee
auf den Höhen.
Weißer Zucker –
sanft gestreut.
Eine Glocke
baumelt hell
über die Wiesen.
Blätter wirbeln
im nahen Wald.
Ich starre
auf die gelbliche
Flasche über meinem
Bett.
Tropfen fallen
in den Schlauch.
Die Augen brennen.
Hinter den Lidern
verdichtet
sich der Nebel
und verhüllt
die Berggipfel
meines Herzens.
Schnee ist kalt.

Nur ein Traum

Ich bin
der Adler.
Bewegungsloses
Schweben
über Täler
und Schluchten,
über Hügel
und Wälder.
Lautlos
und einsam
über Gipfel
und Kare.
Ich bin
der Adler. –
Es ist nur
ein Traum…

Sandspiele

Sand
Wüste
Küste
Meeresstrand.
Sand
in meiner Hand
zerrinnt.
Sanduhr nimmt
die Stunden mit.
Sand im Getriebe
steht still.
Ob ER es so will?

Heimweh

Das Heimweh
schreit.
Die Gipfel
sind weit.
Sie hören
es nicht.
Das Heimweh
schweigt.
Es ist nicht
von dieser Welt.

Die letzte Träne

Die letzte Träne
hält sich
im Auge
fest
und
weint still
weiter,
wenn die
Nächte sich
dehnen in
Unendlichkeiten.
Die letzte Träne
bewahrt
die Sehnsucht
im Blick
auf die dunkle
Wand.

Gottvertrauen

Auf dem
Amboß
liege ich
und
Gott
schlägt zu
mit
Seiner Liebe
und
klopft zurecht,
damit ich
von
Ihm
gebraucht
werden kann
als
ein
Werkzeug
Seiner
Fröhlichkeit.

Ich habe
darum gebeten,
Er hat
mich gehört.

Vision

Die bleichen Knochen
tun sich auf
und bringen Blumen
hervor.
Eine bunte Wiese
zieht sich über
die Hügel und
Schluchten,
die der Krebs
gefressen hat.
Und aus dem Schädel
drängt sich
ein Baum
ans Licht.
Der Schmetterling
kriecht aus der Puppe
und fliegt
davon.

Grenzerfahrung

Mit
jedem Tag
jünger werden,
weil
mit
jedem Tag
die Geburt
näher kommt.

Dem freudigen
Ereignis
entgegengehen
und
zugleich
die
Geborgenheit
in Gott
mit aller
Lebendigkeit
spüren.

An der
Grenze
zwischen
Leben
und
Leben.

Lebendigkeit

In den Plantagen
die zurechtgestutzten
Bäume
in Reih und Glied
gehorsam gezüchtete
Äpfel –
makellos
wurmlos
alle gleich
Güteklassen
kernlos
unendliche Felder...

An einem
verwegen
schiefen Baum
ein kleiner,
runzeliger,
fleckiger
Granatapfel –
voll von Würmern,
von Vögeln
zerfetzt.
Im Sonnenlicht
bricht er auf
und läßt seine Kerne
fallen,
fällt selbst
verdorrt
auf steinigen Boden
und stirbt
zwischen den
winzigen Keimen.

Per aspera ad astra.

Gnade

Ich habe
Zeit,
Begonnenes
zu Ende zu führen.

Ich habe
Zeit,
Abschied
von allem zu nehmen.

Ich habe
Zeit,
die Kostbarkeit
eines Augenblicks
ganz zu erleben.

Ich habe
Zeit,
mein Leiden
als Heil zu erkennen.

Ich habe
Zeit –
welch ein Geschenk!

Erkenntnis

Ausbrechen
aus gewohnten
Wegen
und ausgetretenen
Pfaden.

Brechen
mit dem blind
Eingelernten
und Vorgegebenen.

Aufbrechen
und selbst
entdecken
und dann
erkennen,
daß Gott
überall auf
mich wartet.

Meine Schale
aufbrechen –
für IHN,
weil ER
das Brot
bricht –
für mich!

Der Sprung

Aus
mir heraus
springen –
mitten in
Gott
hinein
fallen.

Und dort
alles finden
in einem
Wort,
einem
Bild,
einem
Empfinden.

Aufgehen
in einer
Leiden-schaft:
mit einem
Sprung
ins Heil
fallen.

Winter

Die Quelle
gefriert.
Schritte knirschen –
oder sind es die
Zähne?

Es ist kalt
und das Fieber
kocht in den
Adern.

Der Wolf heult
in den Mond.
Die Nacht ist
lang.

Es ist kalt
und die
Knochen bersten.

Der Stab des Blinden

So viele
Jahre
habe ich
nicht
wahrgenommen,
was ich
gesehen habe.

Jetzt,
da die
Augen trüb werden,
ertaste ich
die Welt
um mich
und lerne
sie zu
be-greifen.

Mein Stab
ist Gott…

Nachfolge

Begegnung,
weil ihr
beide Freunde
von mir seid.

Ich bin nur
der Leim,
der verbindet
und dann
unsichtbar
wird.

Aber
aus zwei
Brettern
ist ein
Tisch
geworden.

Nachtgebet

Hören,
um Dir
zu gehören.

Gehen,
um in Dir
aufzugehen.

Still werden,
um die Sehnsucht
zu stillen –
die Sehnsucht
nach Dir,
mein Gott!

Leben,
um Dich
zu erleben.

Loslassen,
um Dich
zuzulassen.

Demut

An einem Baum
gelehnt,
die Kraft
des Baumes
spüren.
Seine Rinde
fühlen.

Ein Stück Rinde sein –
nur ein Stück Rinde...

Bitte

Freunde,
weint
jetzt mit mir.
Geht
jetzt mit mir
durch Angst und Schmerz.

Denn,
wenn es
vollbracht ist,
sollt ihr
ein Fest feiern
und euch
freuen mit mir.

Dann bin ich daheim!

Auf dem rechten Weg

Auf dem rechten Weg

Auf dem rechten Weg
gibt's nichts mehr zu lachen.
Scheuklappig geknebelter Schweigemarsch
auf dem rechten Weg der Macht.
Spiel mit der Angst,
wenn Wölfe
Schafe bewachend umkreisen.
Keine Füße werden gewaschen,
Kopfwäsche, Hirnwäsche
für den sauberen Schnitt
auf dem rechten Weg.
Der Geist gefangen,
der Vater mit Geißel,
der Sohn am Kreuz –
und Visionen der Hölle...
Quo vadis?

Ich habe
die Liebe erfahren mitten im Leid,
die Kraft der Fröhlichkeit mitten im Schmerz
und die kettensprengende Freude Seiner Erlösung.
Er allein ist der Weg
hin zur Quelle.
Gehst Du mit?

Karfreitag

Wir lassen
Dich nicht mehr
herunter
von Deinem Kreuz.
Wir ge-brauchen
den Anblick
Deines Todes
mehr als
Deine Auferstehung,
denn wie
sonst sollten
wir unsere
verbissene
Frömmigkeit
begründen?

Wir beten
murmelnd
in kalten Kirchen,
frösteln vor uns selber
und haben Angst
vor unserer
Fremdheit.
Seit 2000 Jahren
halten
wir Dich
fest am Kreuz.

Und haben dabei vergessen,
mit Gott zu weinen,
mit Gott zu lachen,
mit Gott zu singen,
mit Gott zu reden –
und Gott anzuschreien!

Lächeln

Dein
Schreien
am Kreuz
in die
Einsamkeit
des finsteren
Himmels

hat mir
das Lächeln
geschenkt
als ich
ans Kreuz
geschlagen wurde.

Der fröhliche Spielmann

Du weinst?
Deine Lieder sind
heute
so traurig und leise.
Und doch
sind es LIEDER
die Du singst –
mit Deinen Tränen,
fröhlicher Spielmann.

Ostern

Es ist
höchste Zeit,
die staubigen
Uniformen
abzulegen,
unseren Glauben
auszugraben
und erlöster
dreinzuschauen.

Es ist
höchste Zeit,
vermeintliche
Marionettenschnüre
durchzuschneiden
und Würmer aus den
Schädeln zu werfen.
Hölzerne Bewegungen
verhindern
ge-löste Lebendigkeit.

Hinter dem Kreuz
beginnt Ostern.
Lassen wir es
ENDLICH
aufstehen!

Und noch mehr

Einem Blinden die Augen öffnen.
Einem Lahmen auf die Beine helfen.
Einem Tauben Zuspruch schenken.
Einem Weinenden ein Lächeln bewahren.

Und dann:

Einen Soldaten Bauer werden lassen.
Einen Mächtigen Handwerker werden lassen.
Einen Priester Weinhauer werden lassen.

Und dann:

Grenzpfähle zu Weinstöcken machen.
In Raketen Bäume pflanzen.
Aus Panzern Fahrräder bauen.

7 mal 77 Sakramente und noch mehr...

Rahmenlos

Im Rahmen unserer Christenpflicht
haben wir unsere Pflicht
getan
fromm
und ernst.

Im Rahmen unserer Möglichkeiten
haben wir das Opfer
ermöglicht
zerknirscht
und demütig.

Im Rahmen unseres Gottesdienstes
haben wir uns bedient
mit unverständlichen
Worten
farblos
und leer.

Aber:
Das nächste Mal
wollen wir aus dem
Rahmen fallen –
entlarvt
von den fromm-verbissenen Masken.
Das nächste Mal
wollen wir aus dem
Rahmen fallen –
hinein in SEIN Erlöstsein
und Messe FEIERN.
Jetzt fallen wir
aus dem Rahmen
und feiern ein Fest –
weil ER uns ruft dazu.

Gemeinsam

Weil unvermutet
sich Wege kreuzen
und ein Stück weit
gemeinsam gehen,
weil Disteln viele
wunderschöne Blüten tragen
und Stolpersteine
Rastplätze sein können –
weil das Ich
im Du sich findet,
weil Du und ich
gemeinsam gehen,
deshalb
ist der Weg so schön.

Laß uns ein Loblied singen –
hörst Du, ER stimmt es an!

Unser Lied reißt
die Klagemauer nieder
und läßt den
Himmel sichtbar werden…

Die Kirche

Eine Mauer niederreißen
und aus den Steinen
ein Haus bauen.
Ein Haus,
das zur Kirche
wird im
fröhlichen Lachen der
Kinder.

Eine Mauer niederreißen
und mit den Steinen
den Weg ebnen
zum Du.
Einem Du,
das zur Kirche
wird im
fröhlichen Lachen
der Freundschaft.

Eine Mauer niederreißen
und den Stein wegrollen,
um das leere Grab
zu sehen.
Das leere Grab,
das Kirche ist
und uns Seine
erlöste Freude schenkt.

Steinwurf

Einen
Stein
aufheben
und den
Bruder erschlagen.

Einen
Stein
aufheben
und Goliath besiegen.

Einen
Stein
aufheben
und den
Brückenbau beginnen.

Einen
Stein
aufheben
und ins
Wasser werfen.

Einen
Stein
wegrollen
und den
Tod aufheben.

Psalm 1 vor 12

Ich hänge
meine Harfe
nicht
an die Weiden.
Sie können
alleine
trauern.

Ich brauche
meine Harfe,
um jeden
Tag als
ein Geschenk
feiern
zu können.

Ich brauche
meine Harfe,
um meinen
Tränen
die Freude
zu schenken.

Ich hänge
meine Harfe
nicht
an die Weiden.
Ich habe
keinen Grund
zu trauern.

Trotz
allem nicht!

Das Pendel

Ist es nicht
zu früh,
es jetzt zu tun?

War es nicht
zu spät,
es noch zu sagen?

Gottes Uhr
hat kein
Pendel.
Sie kennt
kein »zu früh«
und kein
»zu spät«.

Gottes Zeit
ist
Ewigkeit.
Gottes Zeit
ist
JETZT.
Gott ist
IMMER
bereit und da
für
Dich und mich.

Der Windhauch des Kohelet

Mein Glaube
hält Stürme aus.

Aber der
zarte Windhauch
hat ihn
aus der Fassung
gebracht.

Und jetzt
treibt er
in fassungs-loser
Freude
aus.

Immanuel

Gerade dann,
wenn der Schmerz
am schlimmsten ist,
ist Gott ganz nah.

Gerade da,
wo das Glück
am größten ist,
ist Gott gegenwärtig.

Gerade da,
wo du jetzt stehst,
ist Gott in dir!

Steh auf!

Lazarus,
sing
mir das Lied
von Bethanien,
damit ich
endlich
schlafen kann.
Im Traum
über das Wasser
gehen
und nicht versinken.
Den Hunger
stillen mit
Fisch und Brot
aus den
restlichen Körben.
Unter den
Ölbäumen
wachbleiben
und NICHT
träumen.
Lazarus,
sing
mir das Lied
von Bethanien,
damit ich
aufstehen kann.

Moses

Moses
durfte Gott
schauen,
als Er
vorüber
gegangen war.

Die Antwort
auf ein
Warum
wächst
meist
im Wachsen
der Zeit,
wenn der
Schrei
vorüber ist.

Und Moses
drehte sich
um
und schaute
zurück.
Da sah er...

Das eine Wort

Der Windhauch
über dem Dornbusch
hat
es brennend
in Stein gelegt.

Der Blutstropfen
am rohen Holzbalken
hat
es aufschreiend
in den Sand
geschrieben.

Und mein
zaghaftes Herz
pocht es
beständig
in meine Lebendigkeit –
dieses eine Wort:
Liebe!

Kein Bild

Ein Bauchgefühl
wie ein zweites
Herzklopfen
im Gleichklang
vom Kopf
nicht
faßbar
unbegrenzter
Mittelpunkt
in ständigen
Wehen
hin zum
frohen Ereignis –
eins mit dem
Boden
zugleich
entschwebend
im Sturm
unendlicher
Ruhe
beschützt
gehütet
frei
geborgen.

Ein Bauchgefühl
ist
mein Gott.

Der Fisch
wartet
auf
Jona…

Morgengrauen

Trage die Nacht
im Herzen
und glaube mir,
sie hat keine
Chance,
wenn der
Morgen
anbricht!

Hirtenlied

Schwarzes Schaf
verstoßen
ins Nein –
kein Platz
auf der Weide.
                Der Hirte zieht los,
                das Schaf zu suchen.
Weißes Schaf
verstoßen
ins Nein –
kein Platz
auf der Weide.
                Der Hirte hat das
                Schaf gefunden.
ER trägt es
auf SEINE Weide.

Verzeih ihnen,
sie wissen nicht,
was sie tun!

Die Apfelbilder des Josua Bleibtreu

»Masseltoff, Jingele, Masseltoff!« lachte Rabbi Cheim, als Josua ihm von dem Wunder erzählt hatte. Dann klopfte der Rabbi ihm noch väterlich auf die Schulter und ging.
Josua stand noch eine Weile da, mitten in den Pinseln und Farbtöpfen, zwischen Leinwand und Papierfetzen. Das war doch... Mein Gott, er, er Josua Bleibtreu, junger jüdischer Maler – er sollte die Fresken der neuen Kirche – der neuen KATHOLISCHEN Kirche – entwerfen und ausführen.
Eine Schöpfung als Altarbild und in die Seitenkapelle eine Pietà, hatte der alte Bischof gesagt.
Josua stürmte schließlich zum Zeichentisch und legte los. Tag und Nacht waren verschwunden, Skizzen um Skizzen flogen vom Brett. Nach einigen Tagen lag Josua auf dem Boden und arbeitete an den riesigen Kartons. Er schwamm förmlich über sein Schöpfungsbild. Dazwischen kniete er vor seiner Pietà und streichelte mit den Pinseln Linien und Farben auf das leere Weiß.

Ein erschöpfter – ausgeschöpfter Farbklecks stand an diesem Regentag strahlend und müde vor seinem Werk.

Eine Gebärende liegt in den Armen ihres Mannes und die beiden liegen selbst mit ihrem Kind und wie ihr Kind in einer freien, durchsichtigen Dotterhülle. Eine regenbogenfarbene Nabelschnur führt in ein strahlend gelblichweißes Licht, das sie ganz umarmt. Zugleich sprengt es den Bilderrahmen und drängt über den Altarraum hinaus in eine ahnbare Unendlichkeit.
Wo zeigt sich das Geheimnis der Schöpfung deutlicher als im Akt der Geburt? Wie sollte er Gottes Unbegrenztheit anders darstellen als durch reines Licht, warm und strahlend? Ja, Josua war zufrieden!
Er nickte, drehte sich um und betrachtete seine Pietà.

Da kauert die alte Mirjam auf den Steinen. Ihr Gesicht ist ausgebrannt, der unsagbare Schmerz läßt nicht einmal mehr Tränen zu. Rund fünfzig Jahre alt muß sie jetzt sein, eine alte Frau zu ihrer Zeit. Die Jahre haben sich mit tiefen Furchen in ihr Gesicht eingegraben, grau und strähnig hängt das Haar über die Schultern. Die letzten furchtbaren Stunden haben es aschfahl werden lassen. Das Kopftuch liegt irgendwo auf dem Weg, den sie gerade gegangen ist. In ihr ist kein Funken Kraft mehr, kein Tropfen Leben mehr in diesem Augenblick. Vor ihr liegt ihr Sohn, blutleer und tot. Sie hält seinen Kopf in ihrem Schoß und streichelt geistesabwesend die aufgerissene Stirn mit beiden Händen; grausames Schweigen bleischwer über ihnen.

Der Bischof war bestürzt. Also das war... nein, ihm fehlten die Worte. Wie konnte er nur!
Gottvater sollte doch gestreng und gütig herabblicken mit weißem Bart auf die Welt, den Kosmos – und Maria, als alte Frau – niemals, das geht nicht, das ist nicht wahr, das ist...

Josua zeichnete wie besessen. Die Verkündigung des Engels, Weihnacht, die junge Mutter... aber dieses Gesicht hatte keinen Platz mehr unter dem Kreuz. Es waren doch runde dreißig Jahre ins Land gegangen inzwischen. Mirjam, nein, ich kann Dir das nicht antun! Und Gott – er sollte die grauen Haare von Mirjam bekommen, in ein Gesicht gepreßt werden, fixiert und verankert – nein, er wollte und konnte sich nicht so versündigen gegen seine Kunst!
Josua rollte die Kartons behutsam zusammen und legte sie in eine Truhe.
Am nächsten Tag begann er mit seinen Apfelbildern, die ihn ein Leben lang beschäftigten und berühmt werden ließen.

Anstatt der Fresken wurden die Kirchenwände weiß getüncht. Hin und wieder holte Josua sein Schöpfungsbild und seine Pietà aus der Truhe und entrollte sie behutsam. Dann kehrte er wieder zu seinen Äpfeln zurück.
»Josua Bleibtreu malt einen Apfel mit einer so fühlbaren Ehrfurcht – als würde er eine Madonna malen«, schrieb ein Kritiker nach Jahren.

Culpa nostra

Vatikan-Tango
ums Goldene Kalb.
Jesus fällt zum
ersten Mal
unter der Last des Kreuzes.
Vatikan-Tango
ums Goldene Kalb.
Jesus fällt zum
zweiten Mal
unter der Last des Kreuzes.
Vatikan-Tango
ums Goldene Kalb.
Jesus fällt.
Jesus fällt.
Jesus fällt…

Miteinander um-gehen

Die anderen

Keiaphas
Pilatus
Herodes
Pilatus
– wer war es?
Keiner. –
DIE ANDEREN!
Das Volk
schreit nach
dem Kreuz.
Die vielen,
die anonymen.
Sie klagen
dann Judas.
Sein Verrat
hat Schuld.
Händewaschen.
Leugnen.
Zurückziehen.

Ich kann nicht –
vielleicht er, sie –
sie alle,
wir nicht
– wer hilft?
Keiner. –
DIE ANDEREN!
Der Staat,
die Gesellschaft
ist verpflichtet.
Die vielen,
die anonymen.
Sie klagen
dann
ihre Situation
und das System.
Händewaschen.
Leugnen.
Zurückziehen.

Und JEDEN Morgen
kräht der Hahn!

Pflichtübung

Kleine
Tode
sterben
für neue
Aufbrüche.

Kleine
Tode
sterben
für neue
Fülle
im Moment
der Leere.

Abschied
nehmen
üben
in
kleinen Toden
für den einen
Augen-blick
des großen
Sterbens
der Einmaligkeit
in der Tür
vom Sein
zum Leben.

Es wetterleuchtet
die Ewigkeit
und der Himmel
neigt sich
zur Brücke
in den
kleinen Toden.

Der Grau-same

Sterben –
aufschreiend
oder schlafend,
jung
oder alt.

Sterben –
voller Überraschung
oder ersehnt,
herbeigeführt
oder durchgetragen.

Sterben –
in Hoffnung
oder Zweifel,
im Lächeln
oder Weinen.

Sterben –
an Lieblosigkeit
ist der grausamste Tod,
weil du
danach
immer noch atmest.

Fluchtversuch

Schleudergefahr
und Straßenglätte
und die
Anzeigetafel
zählt die
dritte Erdumkreisung,
die du nun
rennst
auf der Flucht
vor dir.
Es ist nur
eine Frage
der Zeit,
bis du müde
wirst.
Deinen persönlichen
Rundenrekord
hast du
im Wettrennen
mit dir selbst
längst eingestellt.
Wer rennt
in wessen
Windschatten?
Du oder du –
gegen dich
oder dich?

Auf dem Berg

Selig die Jugend,
die die Oberfläche abkratzt
und sehen lernt.
Ihre Augen werden nicht nur suchen,
sondern auch finden.

Selig die Jugend,
die sich nicht mehr täuschen läßt
von schönen Worten und leeren Gesten.
Sie wird den Mut haben,
eigene Erfahrungen WAHRzunehmen.

Selig die Jugend,
die das Empfinden über die Logik stellt
und Gefühle nicht in Formeln pressen läßt.
Sie wird in den Brunnen springen können,
um die Tiefen zu ergründen.

Selig die Jugend,
die unbequem ist in ihren tausend Fragen
und sich nicht mit hohlem Gerede zufriedengibt.
Sie wird nicht nur um sich,
sondern auch in sich horchen lernen.

Selig die Jugend,
die sich nicht stumpfsinnig dem Prinzip
von Gewinnsucht und Leistungsmoral verschwendet.
Sie wird lebendig sein
und ihren eigenen Weg finden.

Selig die Jugend,
die sich nicht beugen läßt
und dabei ihre Jugend verliert
im Trott der Gleichförmigkeit.
Sie ist die HOFFNUNG in dieser Welt.

Selig die Jugend,
die sprechen und zuhören lernt
und das Du in allen Formen
der Schöpfung sieht.
Sie ist die LIEBE in dieser Welt.

Selig die Jugend,
die sich nicht demütigen läßt
und den wahren Mut zum Deus
neu entdeckt.
Sie ist der GLAUBE in dieser Welt.

Waren-Lager

Kriege WAREN
nicht grausam genug,
um dem Frieden
endlich eine Chance zu geben.

Die Großeltern WAREN
stolz auf ihre gute, alte Zeit.
Die Eltern wollten es
besser machen.

Die Eltern WAREN
stolz auf ihre Leistungen.
Die Kinder wollten es
besser machen.

Ein Warenlager:
Zeit und Welt –
prall gefüllt mit...
Jetzt ist Ausverkauf
der Vergangenheit
im Kaufboom
der Gegenwart
für das Schlachtfeld
der Zukunft.

Ein Warenlager:
Zeit und Welt –
prall gefüllt,
deshalb kein Platz – –
oder doch?

Im hintersten
Winkel
lehnen
Steintafeln, genau
numeriert von
eins bis vierzehn.

Man erzählt sich,
daß das freudige Lachen
der Erlösung
erstarrt ist,
als die Steintafeln
SEINEN Weg zeit-gerecht
erstarren ließen.

Weit weg vom
Warenlager der Zeit
sucht die Ewigkeit
eine Herberge.
Sie ist müde vom
»Das waren halt andere
Zeiten...«

Am Freund zerbrechen

Worte
eisbergerstarrt
keine
Melodie
fremd
gewordener Ton
Wärme
nicht mehr
zu finden
trotz
Erinnerungskramen.

Seelenvulkan
zum
Schweigen
gebracht
weil
die Angst
vor den Winterworten
das Herz
erstickt
langsam
gründlich.

Und
Du
läßt es geschehen
ohne
eine
Frage.

Bücher

Zerlesene Seiten,
vergilbte Blätter,
am Rand –
da und dort –
eine Bemerkung,
ein Strich,
eine Notiz –
längst vergessen.
Ein Lesezeichen
aus Schultagen.
Erinnerungen,
Schmunzeln,
feuchte Augen
und eine ganze
Welt
zwischen den Zeilen.
Still,
voller Worte:
immer wieder neu –
immer wieder vertraut.
Bibliotheksgeruch –
eigenwillig,
eigen-artig
in meinem Zimmer,
griffbereit,
farbenfroh
wie der Frühling,
den ich kaum sehe.

Welcher Computer
könnte das ersetzen?

Nur ein Dichter

Behutsames
Lernen
im Umgang
mit Sprache.

Aufmerksames
Bewahren
im Verdichten
von so oft
leichthin
Gesagtem.

Bedeutsames
Sehen
in der
Dichte
der Worte.

Nur ein Dichter –
und doch:
so großes Werkzeug.

Mit einem Wort
alles sagen.
Mit einem Wort
alles zerstören.

Die Verantwortung
wird oft
nur einem
Dichter bewußt.

An Christian

Deine Worte
sind nicht
leichtfertig
dahingesagt
und gedankenlos
verschwendet.
Du legst sie
behutsam auf
weißes Papier.

Behutsam
hat Gott
Dich wachsen
und werden lassen.
Du bist
IHM besonders
gelungen.

Deine
kranken Beine
halten Dich
da und dort an
und geben Dir
den Blick frei
in andere Tiefen.

Und schreiben
kannst Du
mit Deiner Hand
auf geraden Zeilen –
eben deshalb
nicht leichtfertig
dahingesagte
Worte.

Christine Busta

Der Regenengel
hat
noch schnell
ein Lächeln
auf Deine stillen
Lippen gestreichelt.

Kein Novembernebel
vermag
die Sonnenblumenknospen
zurückzuhalten,
denen Du
im Schreiben
vom Wachsen erzählt hast.

Das weiße Papier
riecht nach Gras
und Tau
und erdigem Kiesel –
Du hast es fliegen lassen,
schweben,
wachsen.

Mitten in dieser
ohrenbetäubenden Welt
eine kleine
weiße Wolke
über sternengelben
Hügeln.

Der Regenengel
hat es leise
lächelnd gesehen...

Heilungsversuch

Sinn-Verlust

Unsinnige
Gedankenfetzen
am Rande
des Wahnsinns
auf der Suche
nach dem Sinn
Deiner
Worte
gestern –
heute –
und dann?

Den Kopf verloren.

In meinem Kopf
bohrt der Schmerz
bis in die Brust.

Ich wollte,
ich könnte
meinen Kopf verlieren –
es wäre DIE Chance –
vielleicht –
gegen den Krebs.

Aber der Schädel
hält granitgleich
der Mauer stand
in all dem
Wahnsinn...
einfach kompliziert.

Es ist Zeit,
wieder
Thomas Bernhard
zu lesen.

Kummer

Er muß sich
um so viele
kümmern
und
hat keine Zeit
mehr für sie.

Er muß sich
um so vieles
kümmern
und sieht
nicht,
daß sie
neben ihm verkümmert.

Er kümmert
sich mit Liebe
um alles und alle
und sie
verschweigt
ihren Kummer
aus Liebe
zu ihm.

Und dann –
in einem
Augen-blick
trägt die Liebe
über den Kummer
und Zeit
und Dinge
bekommen ihr Maß.

Rebellion

Wir haben nicht nur
das Recht,
alt
und krank
und behindert
zu sein.

Wir haben auch die
Pflicht,
unsere Not
auszusprechen,
die Schweigespirale
der Ignoranz zu
durchbrechen.

Wir dürfen ruhig
Eckpfeiler
und Steine
im Weg der Selbstherrlichen
sein,
die sich an uns stoßen,
über uns stolpern,
uns aus dem Weg räumen wollen.

Wir sind unbequem,
weil wir dem
Zeitgeist zeigen,
daß er verlernt hat,
uns WAHR zu NEHMEN.

Wehren wir uns
nicht nur gegen
unsere Krankheit,
gegen unser Alter,
gegen unsere Behinderung.
Wehren wir uns auch
gegen unser Ghetto!

Damit das MENSCHsein
eine Chance bekommt
im Begegnen zwischen
MENSCHEN!

Vorübergehen

Es geht vor,
geht über
das Maß,
die Kraft –
geht über
Steine und
Disteln,
Kreuzungen,
Gipfel
und Abgründe.

Es geht...

Mein Arzt

Geschlaucht und
verkabelt
tropfenweise Ampullenhoffnung
verpflastert
ins Bett –
Kreuzprobe
nicht nur
mit einem Tropfen Blut.

Er weiß,
daß helle Farben
meinen Augen weh tun.
Er läßt seinen weißen
Mantel hängen
vor der Tür.
Er weiß, daß ich
kaum gehen kann.
Er steht von seinem
Schreibtisch auf
und kommt ans Bett.

Erst im selben
Augenblick
atmen wir beide auf
und gehen gemeinsam
weiter als einen
Steinwurf weit.

Der Spielverderber

In Streifen geschnitten haben sie mich.
Meine Gedanken in EEG-Zacken gepreßt,
meine Gefühle im EKG geordnet.
Fein säuberlich abgelegt in Ordnern
berichtnumeriert.

Meine Seele ist durchleuchtet
und fixiert auf Objektträgern,
schubladengerecht zurechtgestutzt.
Reaktionen sind meßbar, berechenbar...
Sie denken, ich sei normiert,
denken sie...

Zur Fensterscheibe verkittet,
zum Türschloß verschraubt,
zur Tapete verkleistert –
passend zum Mobiliar.

Aber ich mache das Spiel nicht mit!
Ich lasse meinen Glauben
nicht zwischen vergilbten Buchseiten
auspressen wie eine getrocknete Blume.

Wüstenwanderung

Wir haben
die Wüsten
verachtet,
mißbraucht,
atombehandelt.

Die Wüsten
sind aufgebrochen
und
haben in ihrem
stillen Schrei
alle Ritzen
der Welt
durchdrungen
und ihre Einsamkeit
ausgeschüttet.

Wir haben
die Wüsten
nicht leben lassen.
Jetzt sind
die Wüsten
in unser Leben
gekommen.

Kopfstand

Die Zusammenfassung meiner Krankengeschichte

Kapellmeister, Tusch! Für mich, mein einziges Publikum in meinem Kopftheater!
Die Vorstellungen laufen in Tag- und Nachtträumen, ausverkauft, das Oberstübchen bis in den letzten Platz besetzt, jeder Zoll wird gebraucht – phantasieVOLL eben!
Aber: Eines Tages – oder war es in einer zwielichtigen Dämmerung – 1. Szene, 1. Akt – taucht er auf, Balduin, der ungebetene Gast, der Kunstbanause! Er nistet sich ein, beansprucht eine Loge und hat nicht einmal eine Eintrittskarte. Balduin wirft Ringe vor die Augen, stört mir das Bühnenlicht, bringt Chaos in meine Inszenierung.
Als dieser Oberstübchen-Störenfried sich endlich einigelt, zusammenrollt wie ein müder Hund, starte ich meine neue Vorstellung. – Tusch! – »Mutter Courage« sollte eigentlich... durch eine Lücke, eine Nahtstelle im Vorhang schlüpft Kasimir, unentdeckt, diebisch, schleicht sich an. EINSPRUCH!! – Einspruch abgelehnt!
Das Theater eröffnet seine neue Spielzeit mit »Hamlet«:
»Sein oder nicht sein« – der Totenschädel fliegt von der Bühne, knallt ins Parkett, zerkracht.
Kasimir verweigert Stoffwechsel- und Haushaltsplan, macht seine eigene Regie, produziert auf meine Kosten verkrampfte Stücke. Tataratataaa...
Keine Ahnung von Musik, dieser zweite Untermieter! Noch mehr, er ist geräuschempfindlich, will Flüsterpropaganda im 2. Akt, verstopft das naheliegende Ohr. Leises Summen aus dem Orchesterraum. Kein Tusch! – Wie wär's mit einem einsamen Stehgeiger? – –
»Nun zum Wetterbericht: Ein Tief kommt von den Britischen Inseln und verdrängt...«
Pong – pong – 30:0 für Balduin.
»Nebel in den Niederungen« –

Mein Phantasiebaum färbt die Blätter, sie fallen –
Pong – pong – 30 beide! Out! Protest von Kasimir. Die Hände zittern, Knie werden weich – ein Schweißtuch mit grinsendem Krokodilaufdruck. Der Linienrichter bleibt hart. Kasimir knallt den Tennisschläger ins Netz. Es ist zum Kotzen! Applaus!

Der große Kasimir greift zu Pfeil und Bogen. –
»Durch diese hohle Gasse muß er kommen!« Beinhart trifft er ins Mark. Schuß um Schuß aus dem Kopf ins Apfelmus für Zahnlose. Der Landvogt wendet sich mit Grausen – oder war's des Pudels Kern? Der Schmerz jagt Faust in die Hände der armen Schulternzucker. Irgendwo kichert Mephisto im Gedärm, von den Magenwänden klingt das Echo.
Kasimir stiehlt Ideen, raubt den Schlaf, verbrennt meine Manuskripte, verschluckt Sternschnuppen auf dem Jahrmarkt der Sensationen. Er schießt mit Messern auf zarte Leberblümchen. Das geht an die Nieren! Dieser Schmierenkomödiant!
Schuß! – »Der Kandidat hat 99 Punkte!« Applaus!!

Das Theater muß aus baumedizinischen Gründen geschlossen werden.
Die Anatomie ist morsch, alle Notausgänge haben klemmende Türen und die Feuerleiter ist kaum noch zu gebrauchen. Das Eintrittsgeld wird auf Verlangen nicht zurückerstattet!
Empfindliche Mieterhöhungen, Delogierung der Untermieter, Freiraum, neue Bühne, revitalisierter Spielplan...
Das wäre eine Chance zur Hirnsanierung!
Dann Vorhang auf! Vielleicht mit »Warten auf Godot« oder nur einfach »The Ghost of Canterville«...

Jetzt sollte der Vorhang aber fallen. Scheinwerfer gehen schon aus, einer nach dem anderen. Aber der Vorhang klemmt – Kasimir zieht am falschen Strick.

Tusch! Schnell einen Tusch! Ich nutze die Gelegenheit, springe auf die Bühne, schlängle mich durch die Kulissenwindungen, mache einen schwungvollen Kopfstand und lächle metaphysisch. Der Vorhang klemmt!
»Im Laufe des Tages wird es zu Aufhellungen mit deutlicher Erwärmung kommen...«
Ob es heuer guten Eiswein gibt? Zur Premierenfeier...?
Wenn Mister Hyde erschossen die Treppe herunterstürzt, kommt Dr. Jekyll wieder zum Vorschein.

Ob Kopftheater heute noch Zukunft hat? In der Desillusionspostmoderne-Nostalgieschwangerschaft gibt es eine repräsentative Umfrage des Meinungsmonopols. Die Ergebnisse schreien zum Himmel. Wahrscheinlich steh ich's mir deshalb viel leichter mit den Füßen fest am Himmel, im Kopfstand. Herr Kasimir strampelt auf seinem spikebewährten Rad das x-Tage-Rennen, immer im Kreis, rotiert im Stand.
Rennen der Steher...
Und ich? –
Ich will Ballonfahrer werden. Ein neues Stück für mein Kopftheater!
Atemluftgefüllt abheben, mitten hinein in den Dressurakt einer Raubtiershow. Löwen haben Vorliebe für Knochen. Und der da leckt sich schon die Lefzen.
Aber ich werde ihm ganz heimtückisch Flußkrebs servieren!
Der Löwe, der Krebs und ich – ein Einpersonenstück.
Auf den sechs Brettern, die die Welt bedeuten!

Heilungsversuch

Schon wieder diese Tropfen durch den Schlauch. Die Venen zerstochen, geschunden, eingeschlafener Arm voller Ameisen.
Der Bittergeschmack klebt die Zunge an den Gaumen. Zähneknirschen. In der Ferne der Morgenappell: die Knochen bohren, Nervenblitze durchfurchen Muskeln und Organe, kalter Schweiß als einzige Erfrischung. Immer noch verwundet. Immer tiefer verwundet. Die Maske entlarvt, verzerrt die Züge, jetzt in der Einsamkeit der Klause zwischen Büchern und Papier. Griffbereit, immer da zwischen Ampullen, Tropfen und Tabletten. Rotes Telefon neben dem Harnbeutel, der sich nicht so recht füllen will, zerknautscht am Boden liegt, sich zeitlupig entfaltet. Er bewegt sich wenigstens ein bißchen.
Das Telefon schweigt. Der eine ersehnte, erhoffte, erflehte Anruf bleibt aus. Stunden, Tage.
Die Seele brennt, Lava türmt sich über ein Trümmerfeld nach dem Erdbeben, das meine Fröhlichkeit erstickt hat.
Das Bett ist sargeng, die Zimmerdecke senkt sich wie ein Deckel darauf. Keine Tränen. Kein Lachen. Tröstende Worte für andere, für mich selbst: Schweigezeit!
Ein hohler Schädel, beißende Vipern im Gedärm. Wirbelsturm tobt durch den Rücken, den gebeugten Methusalem meiner jungen Todessehnsucht. Ich blättere in Erinnerungen, voll von Optimismus und dem lauten Ja. Trage Steine zusammen und eine Handvoll Erde für den Trotzdem-Baum, der mir leise unter den Händen stirbt. Eine Träne möchte ich ihm an die dürren Wurzeln bringen. Ich habe das Weinen verloren.
Ich verliere so viel in letzter Zeit. Und mich selbst?...
Einsamer Adlerflug hinaus aus dem Spatzenschwarm. Im Flug ein Auge riskieren, den Überblick finden, den Abstand gewinnen. Mit einem Mal getragen sein von der Luft, bewegungslos schweben, nicht stürzen. Weit weg

vom Dreckwühlen, den Maden und Totenwürmern.
Der Schrei wird nicht frei, die Seele brennt noch immer.
Aber die Flügel tragen dennoch, sind getragen in der einzigen Zweisamkeit. Weil Er weht, wo Er will!
Der Schlaf tropft ins Hirn und vielleicht – – morgen – ein Lächeln. Zittrig, zaghaft, kurz – aber ein LÄCHELN...

Steffi

Der Oberarzt hat meinen Rollstuhl selbst in ihr Zimmer geschoben. Mitten in meiner Behandlung – der wievielten eigentlich – sollte ich selbst wieder einmal Therapie sein. Ich konnte Martin eine solche Bitte nie abschlagen.
Also tropfte meine Infusion jetzt an Steffis Bett. Steffi, zwanzig, akute Leukämie. Im Moment ein blasses Häufchen Elend, das verheult ein Handtuch fest um den Kopf hielt.
»Hallo«, sagte ich und versuchte, meine Schmerzen in den hintersten Winkel zu drängen.
Zurück kam nur ein Schluchzer. Ich zog ganz langsam am Handtuch, Abwehrversuche, dann fiel das Tuch und Steffi schlug die Hände vors Gesicht.
Ich erzählte ihr von meinem Schrecken, als ich das erste Mal kahlköpfig an meinem Badezimmerspiegel vorbeigegangen bin. Und ausgerechnet an dem Tag war eine Einladung zu einer Schullesung gekommen. Sollte ich nein sagen? Aber was dann? Ich konnte mich doch nicht wochenlang verstecken. Also setzte ich mich hin und strickte schnell bunte Mützen – für jeden Tag eine andere, schließlich sollte das Leben nicht eintönig sein – gerade jetzt nicht – und sagte zur Lesung zu. Daß mir das Herz in die Hosentasche gerutscht war, hatten die 60 Schüler nicht bemerkt und mein innerer Schweinehund hatte sich aus dem Staub gemacht.

»Du kannst dir nicht vorstellen, wie spannend das wurde, als der erste Flaum zu wachsen begonnen hat. Werden sie dunkler oder heller sein, dichter, gelockt oder glatt? Es war zuerst recht stachelig, ein paar Tage lang, aber dann war es wie Samt und ich gönnte mir mehrmals am Tag eine ordentliche Streicheleinheit über den Kopf. Und, stell dir vor, ich war nun schon über dreißig und wußte gar nicht, daß ich da vorne zwei ganz feste Haarwirbel habe.«
Während ich erzählte, lösten sich die Hände langsam und Steffis braune Augen tauchten auf. Als ich ihr dann sagte, daß die zweite Glatze gerade recht kam, bevor ein Haarschnitt fällig gewesen wäre und ich mir so eigentlich ein ganzes Jahr den Friseur gespart hätte, schüttelte sie lachend den Kopf, machte aus dem Handtuch einen Knödel und warf ihn in die Luft.
An diesem Tag spazierten wir mit unseren Rollstühlen den Gang hinunter, hinaus auf die Spitalsterrasse und prüften den zaghaften Frühling. Das war viel wichtiger als ein paar ausgegangene Haare.
Eine Schwester brachte uns Tee und Martin lächelte verschmitzt im Vorbeigehen.
Am nächsten Tag brachte ich Steffi einige von meinen Mützen mit. Wir probierten und kritisierten und lachten.

Zuerst setzte mir die Therapie so zu, daß ich Steffi nicht sehen konnte, dann war sie sehr schlecht beisammen und schlief, wenn ich ins Zimmer schaute.

Sieben Tage waren vergangen. Sie streckte mir die Hand weit entgegen, die Augen unruhig aufgerissen, zittrig, kurzatmig.
»Wie ist das eigentlich, wenn man tot ist? Wie lange braucht das eigentlich, bis man verfault ist? Kannst du dir das Geräusch auch so gut vorstellen, wenn Erde auf den Sargdeckel fällt?«
Sie stieß ihre Fragen flüsternd heraus, ohne eine Antwort abzuwarten. Ihre Hand zuckte nervös in meiner, sie hielt mich mit den Augen ganz fest.

»Hast du Angst?« fragte ich nach einer Weile.
»Ich weiß es nicht, ich bekomme so schwer Luft, das macht mir Angst«, sagte sie.
Plötzlich griffen ihre Finger fest zu, umklammerten meine Hand, daß es weh tat. Aber mir tat im Moment viel mehr weh...
»Bitte, bleib da. Geh nicht fort, bis ich eingeschlafen bin!« Eine Träne mischte sich in den Schweiß.
»Nein, ich bleibe da« –
Die Stille tat uns weh. Was sollte ich sagen?
»Erzähl' mir etwas!« sagte sie plötzlich.
»Versuch deinen eigenen Atem zu hören. Horche nur auf ihn. Hörst du, wie die Luft in dich hineinkommt und wieder herausströmt? Horche auf nichts anderes mehr. Laß das Geräusch langsam werden, damit du ihm ganz zuhören kannst!
Und jetzt mach die Augen zu und stell dir vor, du bist eine Wolke. Eine kleine weiße Wolke hoch über den Hügeln. Du hörst nur die Luft, sonst ist es ganz still. Und jetzt bewegst du dich ein bißchen. Aus der kleinen Wolke wird ein Schmetterling. Und trotzdem bist du immer noch eine Wolke. Mit einem Mal sieht die kleine Wolke aus wie ein Vogel und trotzdem ist es immer noch eine kleine Wolke. Du fliegst mit dem Wind und bist immer noch hoch oben im Himmel. Jetzt ist die Wolke eine Sonnenblume und jetzt ein Ball. Du hörst nur den Wind und bist in tausend Formen immer eine Wolke...«
Steffi war eingeschlafen.
Ihr Atem war ruhiger geworden, aber ihr Gesicht behielt eine schmerzliche Traurigkeit. Ich nahm ein Stück davon mit, als ich nach einer Weile fortging.
Steffi wachte aus diesem Schlaf nicht mehr auf.
Als ich den Hörer aufs Telefon gelegt hatte, ging ich ans Fenster, um eine kleine Wolke zu suchen. Das Stück Himmel war grau.
Und sie wollte nicht im Krankenhaus sterben – aber wer fragt schon danach – jetzt? Und mich fröstelt.

Robert

Die Freunde, die Familie, alle kommen nicht mehr.
Sie haben Angst vor Robert.
Es gab eine Zeit, da kam meine Familie, da kamen meine Freunde auch nicht mehr. Ich hatte Angst vor ihnen, oder sie vor mir – was weiß ich.
Robert hat Angst vor Einsamkeit, vor dem Sterben.
Ich hatte einmal Angst vor dem Leben.
Wir haben einiges gemeinsam, Robert und ich.
Ich will ihn kennenlernen, ihn besuchen.
Abgemagert bis auf die Knochen liegt der junge Mann allein im Krankenzimmer. Sein Atem geht schwer. Ich strecke ihm die Hand hin. Er zieht seine weg. Ich will nach ihr greifen. Er zieht sie weiter weg.
Ich verstehe seine Flucht.
»Ich hab' AIDS!« schreit er heißer.
Ich ziehe langsam meine Mütze vom kahlen Schädel.
»Und ich hab' Krebs.«
Ich nehme seine Hand, setze mich an den Bettrand.
Robert starrt auf meine Glatze, eine Zeit ist es ganz still.
Dann begegnen sich unsere Augen.
»Ich hab' noch ein paar Tage – vielleicht – und Du?« sagt er.
»Keine Ahnung. Ich hab' noch Hoffnung, daß ich's überlebe.«
»Ich habe Angst!« stößt er hervor.
»Wovor?« frage ich.
»Vor dem Sterben.«
»Warum?«
Er schaut mich aus großen Augen an. »Dann ist alles aus!«
»Was ist aus?«
Unsere Augen halten einander fest.
»Na, da ist dann nichts mehr.«
Jetzt schaue ich mit großen Augen. »Also, Du fürchtest Dich vor – NICHTS?«

Er schweigt lange.
»Nein, es ist eben so unbeschreiblich, alles anders...«
»Also zuerst nichts, dann alles. Beides ist ein bißchen viel, glaubst Du nicht? – Warum hast Du Angst vor dem Sterben?«
Sein Kopf sinkt tiefer in die Kissen.
»Ich will LEBEN!« flüstert er.
»Du lebst!«
»Ich bin noch jung – 28 – ich hab' ein Recht darauf!«
»Ich bin 31. Was ist Recht?«
»Es ist doch ungerecht!«
»Was ist gerecht?«
»Warum gerade ich?«
»Warum nicht gerade ich?«
Wir schauen einander lange schweigend an. Dann nickt er.
Robert weint.
Am nächsten Tag sehen wir uns wieder.
Er streckt mir heute seine Hand entgegen. Sein Atem ist flach. Der Priester geht.
Sein Blick hat die ängstliche Suche verloren. Er schaut mir lange in die Augen. Ruhig und offen.
»Du hast recht: das Sterben ist gar nicht zum Fürchten.«
»Wir sind schon öfter ein bißchen dumm in unseren Vorstellungen«, sage ich lächelnd.
»Hast Du schon gesagt ›ein bißchen‹?«
Wir lachen beide.
»Jetzt braucht keiner mehr nach Ausreden zu suchen, weil er nicht kommen will, weil er Angst hat vor mir«, flüstert er.
›Ich bin gerne gekommen. Ich habe keine Angst vor Dir. Ich danke Dir, daß ich kommen durfte, daß Du mir die Hand gegeben hast‹, denke ich und halte seine Hand noch immer fest.
Sagen brauche ich es nicht mehr. Robert hat mich verstanden. Robert lächelt.
Robert ist tot.

Die Botschaft des Regenbogens

Lebenswasser

Die Quelle
aus dem
leeren Grab
sammelt
Bäche
in Wasserfällen
Regenbogenleuchten
Uferplätze
Sandbänke
für Ruhepausen
Treibholz
im Willen
des Flusses
Stromschnellen
Wirbel
Kaskaden
kein Durst
und die
Arche
zwischen
ausgebreiteten
Armen
am
Delta
mitten
hinein
ins Meer
Seiner Liebe.

Zeitfragen

PERFECTUM
Kriege
haben Millionen
von Toten
gefordert.
Haben sie sie
auch bekommen?

PRÄSENS
Hunger
fordert täglich
tausende Menschenleben.
Liefern wir sie
ihm frei Haus?

FUTURUM
Wer wird
die Lieferscheine
unterschreiben
und die
Quittungen
ausstellen?

Krüppel

Sie pauken
Euklid
und Ovid.
Sie lernen
relatives Denken
und Tastendrücken.
Sie wissen
Sprache zu
mißbrauchen.

Wie sollen
diese
Krüppel
gehen,
sehen,
fühlen lernen,
wenn die Theorie
sie über das
Leben hinweghebt
mit Scheuklappen
und Kopfhörern?

Die Pulsfrequenz
ist eine
mathematische
Einheit x/min
und die Nase
hat man vorn und
oben –
immer gerümpft
über andere.

Mir ist angst
um diese Welt.

C'est la vie

Kinderlärm
nervt mehr
als Straßenlärm
im hektischen
Chaos
der Terminjagd
rund um
die Uhr.
Zeit sparen
für das ständige
Minus
im Vorbeirennen –
c'est la vie?

Ein Schrittmacher pulsiert,
das Herz
vergißt einen Schlag,
die kleinste Zelle
wird böse,
das Hirn
lähmt mehr als Gedanken.
Das Leben
steht vor der Uhr
und hat
Zeit
mit einem Mal,
verwundert
zuzuschauen,
wie ein Grashalm
durch den Boden
bricht.
Straßenlärm
und KinderLACHEN –
c'est la vie!

Chance

Vielleicht
die Welt
leiser drehen,
um IHN wieder
zu hören.

Vielleicht
nicht so
rennen,
um IHM nicht
dauernd
davonzulaufen.

Vielleicht
die Scheuklappen
wegwerfen,
um die
Verantwortung
zu sehen.

Vielleicht
nicht so
zaghaft
Vielleicht
sagen,
um den
Träumen
wieder eine
Chance
zu geben…

Verseucht

Grippeviren
AIDSviren
Computerviren...
Wir Viren
auf allen
Vieren
zurück
in die Höhlen!
Damit sich
die Natur
erholt.

Fort-schritt

Setz
einen
Schritt –
fort
aus dem
Schwarz,
Weiß
und Rauchgrau.

Setz
einen
Schritt
hinein ins
Feuer
und
hole das
Licht!

Zeitgeist

Voll Dynamik
davonrennen
vor dem Alter.

Voll Aktivität
Krankheiten
ignorieren.

Voll Fitneß
Gebrechen
nicht wahr-nehmen.
Nur ein
kurzer Aufschrei
der Alten
in schalldichten Heimen
todesgeruchdesinfiziert.

Kranke
gesammelt und
aufbewahrt zwischen
Blumen und Spritzen.
Plötzlich
Begegnung –
nicht wissen,
was tun, sagen…
fremd – anders…

Angst
bringt um.
Depression
erwürgt.
Konfrontation
zerbricht
die Illusion
der Verdrängung.
Das Wahr-Nehmen
tut sehr weh – in DIESER Zeit.

Steinwüsten

Das Geheimnis
des Lebens
lüften
und eingreifen
in Gottes Plan.
Sich selbst zum
Gott erheben.

Dieser Versuchung
kann der Mensch
kaum widerstehen.

Ewige Jugend
ewiges Leben
hier und jetzt.

Steine haben
einen Hauch
von Ewigkeit.

Steinalt,
steinreich,
steinhart,
steinkalt...

Ob Menschen
deshalb oft
versteinern?

Loch-haft

Löcher durch Berge
Löcher in Meere
Löcher in Wälder
Löcher in Eis

und der Himmel:
durchlöchert.

Löcher
von Beton umgeben –
klein und kalt.

Löcher im Gedächtnis
Löcher in der Sprache

und die Seelen:
durchbohrtes Loch.

Bohrt weiter –
die Welt ist
lochhaft geworden…

Armut

Armee
kämpft
mit allen Armen
und Beinen
gegen die
arme Seele.
Armselig.
Selig die Armen.
Selig in den
Armen
des Herrn.

Vorsatz

Ich möchte die Welt retten,
sagt einer
und diskutiert
jahrelang über das Loch im Himmel.

Ich möchte die Menschheit retten,
sagte ein anderer
und fährt um die Welt,
um schöne Reden zu halten.

Ich möchte einen traurigen Menschen
zum Lächeln bringen,
denke ich
und tue es!

Die Botschaft des Regenbogens

Liebe
ist Wasser,
das reinigt
und tränkt,
dem kein Leben
widerstehen kann,
das Wüsten
zu Oasen macht,
das Feuer
bändigt
und Hitze
zu Wärme verwandelt.

Liebe
ist Wasser,
das Schläge
und Schreie
dämpft,
das in seiner
Brandung
selbst alles übertönt,
das tropfenwinzig
und ozeanriesig ist,
das den Kreis
von Himmel und Erde
umschließt.

Liebe
ist Wasser,
das der Herr
zu Wein verwandelt
und vom Wein zum Blut
sich selbst
uns gibt.

Der kleine Unterschied

Demut
mißbraucht
zur Demütigung,
einen Menschen
unter einen
Menschen zu stellen.
Kleine und große
Machtspiele
auf dem Rücken
der Niedergemachten.

Demut
De-Mut
Mut zum Deus –
Mut zum Ja
zu Gott.
Erhebendes Gefühl,
selbst auf Zehenspitzen
noch klein sein
zu DÜRFEN
in Seiner schützenden
Hand.
Mit ausgebreiteten Armen
Seiner Ohn-Macht
am Kreuz näher zu kommen.

Das Leiden,
das wenige Stunden
gedauert hat –
der Ostermorgen,
der kein Ende mehr nimmt.

DAS verstehen
in der Demut.

Ein Tropfen Wasser

Mitten in der Ewigkeit hält Gott einen Tropfen Wasser in seiner Hand. Und Gott verliebt sich unsterblich und unendlich in diesen Tropfen.
In dieser Liebe schenkt Gott ihm Zeit und Raum, daß er wachsen kann. Aus Liebe schenkt Gott seinem Wassertropfen Lebendigkeit und Phantasie durch seine Geisteskraft.
Aus dem einen Tropfen entsteht die Welt. Und Gott ist so sehr in diese Welt verliebt, daß er ihr die Freiheit zur Entfaltung verspricht.
In jedem Kieselstein, in Tiefen und Höhen, in Meeren und Wüsten, in jeder Kreatur beginnt dieses Liebesversprechen zu leben.
Ein Werden und Vergehen, ein Wachsen und Reifen beginnt. Aber in all der Harmonie ist auch Zeit und Raum verwoben und Lebenskämpfe entstehen. Die Grenzen ziehen Begrenzungen nach sich. Und Gott hält sein Versprechen und läßt es geschehen. Sonst müßte er die Freiheit aufheben. Er läßt es geschehen, obwohl Menschen ihn anklagen und verachten dafür. Er läßt es geschehen, obwohl er nicht verstanden wird und wir ihm weh tun in jedem Augenblick. Er läßt es geschehen aus Liebe.
Gott weiß um die Sorgen, Nöte und Ängste. Aber er will sie ganz kennenlernen, sie ganz verstehen und fühlen. Und er will dem Menschen zeigen, wie groß seine Liebe ist. Immanuel spricht und lebt mitten auf der Welt, gibt sich zu erkennen – noch mehr: er gibt sich in die Ohnmacht der lebenden Kreatur und liefert sich dem Sein auf Leben und Tod aus.
Gott hält sein Versprechen und schenkt jetzt die Hoffnung, damit die Freiheit Sinn bekommt durch die Liebe.
Aber der Mensch schreit immer noch und ist böse auf Gott. Der Mensch gesteht dem Berg nicht zu, daß dieser sich bewegt in seiner Lebendigkeit. Er gesteht dem Meer

nicht zu, aus den Ufern zu treten in dessen Lebendigkeit. Der Mensch ist trunken von der Idee der Macht und schreit auf, wenn er sich seiner Ohnmacht bewußt wird. Gott sieht es wohl. Aber aus Liebe hat er ein Versprechen gegeben und aus Liebe hält er es ein. Trotz allem, was geschieht und wofür er verantwortlich gemacht wird.
Gott wartet still im Hintergrund. Wenn allerdings aus tiefstem Herzen ein Hilferuf kommt und Gottes Wille erbeten wird, so legt er Hand an und ist da. Aber in seiner Weise, mit seiner Phantasie und eben SEINEM Willen. Uns bleibt dann das Staunen und irgendwann die Erkenntnis, daß es gut ist, so wie es geschieht, wenn wir ihm freie Hand lassen.
Und das Erstaunlichste: selbst wenn wir uns auf Zehenspitzen stellen und die Arme ganz weit in den Himmel strecken, DÜRFEN wir noch immer klein sein, weil wir es eben sind – ein Teil des einen Tropfen Wassers, dem Gott in seiner Liebe Lebendigkeit, Phantasie – und die Freiheit in Zeit und Raum geschenkt hat. Ein Teil des einen Tropfen Wassers, den Gott noch immer in der Ewigkeit in seiner Hand hält und darauf achtet, daß nichts verlorengeht von diesem Tropfen Wasser.

Daniel

Auf seinem Nachttisch stand ein alter Bilderrahmen. Gesichter aus Fotos waren ausgeschnitten und kunterbunt durcheinander aufgeklebt worden. Verschwommene Schwarz-Weiß-Frauen, Männerportraits, bunte Babygesichter und Kinder.
Daniel sah meinen fragenden Blick. Ich legte den Rahmen in seine zittrigen Hände.
»42 sind's. Alle meine Familie. Und alle tot.«
Nach einer Weile: »Ich freu mich aufs Sterben nach dem langen Alleinsein und dem vielen Abschiednehmen.«

Plötzlich schaut er mir in die Augen.
»Als du damals zur Bestrahlung gekommen bist, haben wir alle gedacht, du wärst die erste, die stirbt.«

Vor fünfzehn Monaten waren wir eine Gruppe von zwölf Krebspatienten gewesen. Wir trafen uns immer wieder bei den Bestrahlungen, kotzten uns gemeinsam bei der Chemotherapie die Seele aus dem Leib.

»Bei wem warst du am Schluß dabei?« fragte Daniel.
»Bei allen. Bis auf Erik. Der ist zu Hause gestorben.«
»Dann weißt du, was Abschiednehmen heißt«, nickte er.
»Jetzt bist du die letzte von uns. – Bist du traurig?«
Ich legte meine Hand in seine:
»Nein, jetzt nicht. Ich freue mich mit dir und bin dankbar, daß du mich rufen hast lassen.«
»Mit 81 ist es Zeit!« meinte Daniel nach langem Schweigen.
»Gibt es ein Maß, wann es Zeit ist?« fragte ich.
»Nein, aber für mich ist es Zeit!« lächelte er.
»Ein Leben lang habe ich Grabsteine beschriftet. Für mich selbst möchte ich keinen. Ich geh' auf die Anatomie«, blinzelte Daniel mir zu.
»So wie ich!« lachte ich zurück.
»Dann treffen wir einander vielleicht wieder, so Knochen an Knochen...«
»Wir treffen einander, aber nicht auf der Anatomie! Wir sind doch beide Sonnenblumen!« konterte ich.
Daniel lachte und griff mit beiden Händen meine Hand.
»Natürlich! Sag', wie hast du da geschrieben? Das hat mir so gefallen...«

Ich hatte ein Gedicht geschrieben, nachdem wir uns einmal lange über Grabsteine unterhalten hatten:

»Setzt mir keinen Grabstein!
Auf ihm steht nicht,
daß am Tag
meiner Geburt
ein Schneesturm tobte,
der Bäume entwurzelte.
Setzt mir keinen Grabstein!
Auf ihm steht nicht,
daß Abschiednehmen
so sehr weh tut,
auch wenn das Leben
weitergeht.
›Ruhe in Frieden‹ steht auf ihm.
›Lebe in Freude‹ sollte dort stehen.
Setzt mir keinen Grabstein!
Denn irgendwo
blüht eine
Sonnenblume
und wiegt sich
im Wind.«

Daniel hatte die Augen geschlossen. Er lächelte und drückte meine Hand ganz leise.
Nach etwa zwei Stunden schaute er mich mit leuchtenden Augen an und hörte auf zu atmen.
Auf ein jüdisches Grab werden Steine anstelle von Blumen gelegt, weil selbst der Ärmste einen Stein bringen kann.
Ich hatte einen kleinen Stein mitgebracht und legte ihn Daniel in die Hand. Den Fotorahmen ließ ich auf seiner Brust. Ich schloß ihm die Augen. Alle Falten in dem alten Gesicht lächelten.

Auf meinem Nachttisch liegt auch ein Stein – aus Tirol. Ich werde Sonnenblumensamen kaufen.

Ein grüner Halm

Mitten auf dem Weg –
zwischen Steinen –
ein grüner Halm.
Was kümmert ihn
der Februar,
wenn er sich der
Sonne zuwenden
kann?
Er wächst
ins Heute,
ohne Frage nach
dem vielleicht
frostigen Morgen.
Mitten auf dem Weg,
zwischen Steinen,
im Februar.

Im Februar
sitze ich
auf einem
Randstein
und mache mir
Sorgen um den
Mai –
jetzt nicht mehr!